# মনের কথাটুকু

## তারা প্রসন্ন মুখার্জী

মনের কথাটুকু

ISBN 978-93-5610-960-5



Published in India 2022 by Pencil

A brand of One Point Six Technologies Pvt. Ltd.

123, Building J2, Shram Seva Premises,Wadala Truck Terminal, Wadala (E) Mumbai 400037, Maharashtra, INDIA  E connect@thepencilapp.com

W www.thepencilapp.com

সমস্ত রকম এডিটিং পি,ডি,এফ পেজ ও ফাইল মেকার -

# স্ব- বাক প্রকাশনী

E-mai l:- sbabakprokashani@yahoo.com

Phone no -9143098660

**উৎসর্গ** :- আমার সহ ধর্মিনী শ্রীমতি শিবানী মুখার্জী।

# মুখবন্ধ:-

" মনের কথাটুকু "

তারা প্রসন্ন মুখার্জী

মনের কথাটুকু কবি " তারা প্রসন্ন মুখার্জীর " প্রথম কাব্যগ্রন্থ এটি ...যদিও ক্লাস সেভেনে কবির লেখার প্রথম হাতে খড়ি !

পিতা ও নিজ কর্মসূত্রের কারনে কবির ভ্রাম্যমান জীবন... সর্বত্র সাহিত্যের তেমন অনুকূল পরিবেশ না থাকায় - লেখার সেভাবে প্রচার বা প্রসারিত হয়নি।

তা হলে কি হবে - কবির সাধনা কিন্তু থেমে থাকে নি ... অন্তঃসলিলা নদীর মতোই প্রবাহিত হতে থাকে তাঁর সৃষ্টিশীল সুশীল মন জগত !

যদিও বর্তমানে কবি একাধিক সাহিত্য গ্রুপ সঙ্গে যুক্ত - এবং একাধিক যৌথ সংকলন এবং বিভিন্ন পত্র পত্রিকায় তাঁরলেখা প্রকাশিত হয় নিয়মিত ...

"মনের কথাটুকু" কাব্যগ্রন্থটি এক কথায় কবির দীর্ঘ কবিতা যাপনের সংমিশ্রিত নির্যাস !

<h1 style="text-align:center">মনের কথাটুকু</h1>

এই কাব্যগ্রন্থটিতে লেখার  কোন সুনির্দিষ্ট বিষয় না থাকার কারণে -  জীবনের সকল প্রকার রসদ -  সুখ-দুঃখ, হাসি - কান্না, অভাব অভিযোগ,  বাধ- প্রতিবাদ - প্রেম প্রীতি ভালবাসা ... মিলেমিশে একাকার হয়ে গেছে  ...   সঙ্গে স্বচ্ছ সাবলীল ভাষা কবির অনন্য গুণের পরিচায়ক -  একথা বলার অপেক্ষা রাখে না!

 এই কাব্যগ্রন্থের প্রকাশক হিসাবে লেখাগুলির প্রথম পাঠক আমি - তাই  নিজেকে গৌরবান্বিত মনে করছি এই মনে করে যে -  কাব্যগ্রন্থের প্রতিটি লেখায়  ক্ষয়িষ্ণু সমাজের বুকে দীপ্তমান আলোর শিখা ... আর একথা বলা বাহুল্য হবে না ! তাই আলাদাভাবে কাজ লেখার শিরোনাম দেবার তাগিদ অনুভব করি না ...

অবশেষে পাঠক পাঠিকা বৃন্দের কাছে অনুরোধ "মনের কথাটুকু" পাঠে একাত্ম হলে কবির সুশীল ও সৃজনশীল মনের নির্যাসটুকু পাবেন- একথা হলফ করে বলতে পারি...

এটুকুই আমার মনের কথা...

নমস্কারান্তে ...


গোপাল পাত্র


(বিশিষ্ট কবি/ সাহিত্যিক , সংকলক, সম্পাদক এবং প্রকাশক )

# কবি পরিচিতি :-

জন্ম -- ১১জানুয়ারী ১৯৫৯ (11/01/1959)

জন্ম স্থান -নামখোলা, দরং জিলা,

নাম --তারা প্রসন্ন মুখার্জী(টি. পি. মুখার্জী)

 বাবা- সুরেন্দ্র বিনোদ মুখার্জী, পেশায় গ্যাইনিক ডাক্তার ছিলেন এবং 'মা' মিসেস হাঁস্য বালা মুখার্জী গৃহকর্তি ছিলেন। দুজনারই সাহিত্য চর্চায় বিশেষ অনুরাগ ছিল, আমার জন্মের পর ছোট থেকে বড়ো হওয়া তিনসুকিয়া জেলায়, মাধ্যমিক শেষে কলেজ এবং ইউনিভার্সিটি শেষ হয়েছে মেঘালয়ের শীলং শহরে। কলেজ - সেন্ট এডমান্ড এবং নর্থ ইস্টার্ন হিল ইউনিভার্সিটি(N E H U) 1981.

ক্লাস সেভেন থেকেই কবিতা লেখার অভ্যেস। তবে পুরো দমে কবিতা চর্চা শুরু হয় ১৯৮৬ সন থেকে।

# সূচিপত্র:-

# অবুঝ

কাল বৈশাখীর প্রচণ্ড আঘাত করে
তুমি চলে গেলে নির্জনে সেদিন ,

ঝড়ো ঝড়ো অবিরাম বর্ষার ধারায় যখন
ধুইয়ে দিলো আমার  রক্ত - ক্ষত
ডেকেছি তোমায় আবেগে দুহাত তুলে
দাওনি সাড়া, তুমি চলে গেছো বহুদূর
কোমড় দুলিয়ে কুটিল ভ্রূকুটি  হেনে ।

তুলো ছেড়া মেঘ শারদ আকাশে এলো
নিয়ে নতুন খবর - শেফালির সৌরভে,
ডেকেছি তোমায়- শুনতে চাওনি তুমি
চলে গেছো অন্তরালে রঙিন পর্দা টেনে ।

আকাশ প্রদীপ জ্বলে হেমন্ত সন্ধ্যায়
নবান্নের ঘ্রাণ  আসে- আসে আপন জন
অথবা পুরোনো নিত্য-জন  আরো কত,
তুমিই শুধু রইলে  দূরে সড়ে ।

কুয়াশা রাতের হিমেল  বাতাসে অই
শেষ পাতাটি  ঝরে পড়ে
আকণ্ঠ জ্বালায় রিক্ত জর্জরিত আমি
তোমাকে ডেকেছি  কত, বুঝতে চাওনি
তুমি অন্তরালে থেকে সুখ-মগ্না তুমি ।

কৃষ্ণ চূড়ার রঙিন বিতানে
কোকিলের কুহু টানে বসন্তের বীণা বাজে,
না পাওয়ার দাবানলে সব হারিয়ে  আমি
ক্ষত-বিক্ষত নিঃস্ব আজ,তোমাকে ডেকেছি কত
মানতে চাওনি তুমি, ভেসে গেছো অজানার টানে
যবনিকা টেনে - বুঝেও অবুঝ তুমি !

জানি, হয়তো ফিরবেনা কোনোদিন
অঙ্গীকার করোনি কখনো মনের কম্পাস খুঁড়ে,
হয়তো একদিন সেড়ে উঠবে  আবার
আমার এই  ক্ষত-বিক্ষত শরীর, শুরু হবে এক
অজানাকে খোঁজার - এক নতুন সূর্য্য ভোরে--

# অহমিকা

তোমার কবিতা দিয়ে বুঝিয়ে গেছ

উনবিংশের অহমিকা আর দ্বাবিংশের নির্দেশিকা,

এখন বিস্তারের সময়...

দ্বাবিংশের দোড় গোড়ায় এসে কদম ফুল আর ফোটে না ।

অসভ্যের মৃত্যু হয়েছে এইতো কিছু দিন আগে,

আজ দুষ্টাচারের উচ্চাভিলাষ মেলেছে বিশাল ছাতা

এখন শুধু অনুবীক্ষণে চোখ রাখা আর
নক্ষত্র যুদ্ধের আনবিক প্রস্তুতি--
আকাশে বিছানা আছে পাতা ।


সমতার গান শুধু গাই, একত্রের হাত বাড়াই  তবু
বিভেদ আর অদৃশ্য ভাইরাসের যেন বিরাম নাই..

আমি আর প্রজন্ম উড়ে চলে যাবো

তোমারই নির্দেশিত আলোক বর্ষ পথে- অবশেষে-

তোমার ধূসর ছায়ার শহর-খানা।

তোমার কবিতায়  দ্বাবিংশের নির্দেশিকা--

লিখে যাওনি কী ?? বীজ পুতব সে শহরে

কিংবা  কি কবিতা ?

# অব্যক্ত শব্দ

রোজ শব্দরা কথা বলে

মনের অনুভূতি ঘরে

সবাই পায়না প্রকাশ

ব্যস্ত পথের ভীড়ে।


প্রকাশ না পাওয়া শব্দ গুলো

গুমরে গুমরে কাঁদে

কেউ তো বোঝে কেউ বোঝে না

পড়েনা কথার ফাঁদে।


বিষাদ বদনে অনুভূতি ভাবে

মনের সাড়া কেন না পাই--

মন যদি বলে 'সাড়াও পাহাড়'

বর্ণ বাক্যের হবে আজ ঠাই।


ছুটবে লহর শব্দের প্রকাশ

বাক্য ছুটবে তুবড়ি হয়ে

জমাট শব্দ ঢেউ তুলে যে

মনের কথাটুকু

প্রকাশের স্রোতে যাবে বয়ে।


কুণ্ঠিত মন স্থির হয়ে ভাবে--
তারই জন্য অপ্রকাশ যত
ভীড় করে থাকা মৌন শব্দ
অব্যক্তে ক্ষত বিক্ষত।


অনুশোচনায় ক্লান্ত মন
বিষাদ বদনে বলে
আজ থেকে শব্দ ফুটুক
প্রকাশের দাবানলে।


# আহ্বান


আমার কবিতা আমার মনের  শ্রেষ্ঠ ক্ষুদ্র দান
হয়তোবা কেউ নেবে অন্তরে কেহ বা পাবে না প্রাণ
তবুও আমি মনের হরষে লিখে যাব যত কথা
কাহারও মনের গোপন স্থানেতে না দিয়ে কঠিন ব্যথা

মনের কথাটুকু

সভ্য জগতের তামাম্ হৃদয়ে ঘোচেনি তো আজও খেদ

মানুষ মানুষে অঙ্কুষ হানে বৈষম্যের ভেদাভেদ।

আমরাই জীবের শ্রেষ্ঠ সৃষ্টি ভুলেছি বিলাসে মোড়া

জাত কুল মান উচ্চ-নীচের আঁকড়ে পৈতৃক গোড়া।

মনকে বাধঁতে মানের আঁচলে চালাই পণ্যের খেলা

মানবতার বুলি বিলিএ চলি করে ছলনার মেলা।

লেনিন,দ্যভিঞ্চি গোর্কি-মাইকেল আরো কত গুণী জন

আদর্শের পরাকাষ্ঠা দেখিয়ে বিকোয় মনীষী জন।


এ সভ্য সমাজ আজ ধ্বনিছে গরবে

"হিউম্যান রাইটস্ আর প্রাইম "

আমরা ভুলেছি এই সত্যটি

"আনট্যাচিবিলিটি ইজ এ ক্রাইম "।

জ্ঞানের উচ্চ শিখর ধাপে সন্দেহের একি আস

নিশ্চিহ্নতার ভেরি বাজেঐ অস্তিত্বের নাভিশ্বাস,

দেশের গরব ধ্বজার বিহনে লুটিছে যে পদতলে

বিশ্ব শান্তি বিঘ্নিত আজি রোষেরই দাবানলে।


তাই তো আজ করি আওভান বিশ্বেরই কুরবানী

'যত মত তত পথ' বন্দে অমৃতের মহাবানী,

এস না সবাই রচব আবার বিশ্ব ভ্রাতার বন্ধন

অহিংসা প্রেম ত্যাগ ও শান্তি রোধে পামরের রণ।

# অনূঢ়া

যখন তোমায় দেখি

শুধু নির্বাক দেখতে থাকি

যখন তোমায় ভাবি

শুধু অবিরাম ভেবে যাই ...


সময় সাঁতার কাটে

কচ্ছপের স্লথ গতিতে

তারিখ পাল্টে যায় সময়ের জোড়ে

বুকের আচল ওড়ানো বাতাসে,

শৈশব থেকে কৈশোর ছাড়িয়ে

 তন্বী হয়েছো আজ

ঋতুর সোণালি কণায় সিক্ত

 যৌবন  টল  মল ...


দিন আসে যায়  অবাধের স্রোতে ভেসে

আজ একি দৃশ্য ভাসে...

অনেক পাল্টে গেছে অবয়ব  তবু

বদলেনি কিছু রীতি-- সেই উদাসীনতা

নোনা জলে ভেজা  দু'ফোটা মুক্তো বিন্দু

আর  উলঙ্গ তিন অক্ষর ... অনূঢ়া ...

# অন্তরাল

সবুজ পাহাড়
আকাশ অমোঘ নীল
সুন্দরতা একে দেয় শান্তির প্রলেপ।


স্মৃতির শিকলে হাতুড়ির ঘাঁয়ে
তিক্তধারা গতিশীল
উঁচু পাহাড়ের ঝরণা ধারায়
মুছে যায় সব ভেদাভেদ
সহস্র অমিল।


ঘুমন্ত ডাহুক জাগে প্রভাতের ডাকে
সান্ধ্য কোলাহল,
দিবাচর ফেরে ঘরে নিয়মের টানে
অবিশ্রান্ত অবিচল।


প্রকৃতির নাগপাশে অটুট নিয়ম
দৃষ্টিতে পড়ে না ধরা
বিন্দুকে দিগন্তে রেখে অন্ধ দৃষ্টি
শুধু অনুভব করা

কিছু নেই অবয়বে--
পাহাড়ের গা'য় ঘেঁষে অনন্ত আকাশ
নীল শুধু নীল।


# অস্ফুট শব্দ


এতো দিন হয়নি সময়
গোপনে নির্জনে কিছু বলবার-
সে সময় এসেছে কাছে আজ
বয়সের বোরখা খুলে
তবু মনে ভয়,
যদি না হয় সে কথা বলা
মনে বড়ো দ্বিধা--
হয়তো মনের পিচ্ছিল স্বভাবে
সোনায় সে কথা বাচালতা।

## মনের কথাটুকু

মাঝে মাঝে  চিন্তার দোলায়
বিন্দু বিন্দু ঘাম ফুটে ওঠে কোপালেতে,
মনে হয় - বুকের ভেতর থেকে
ছবি খানি তুলে এনে
তোমার দুচোঁখের উপর তুলে ধরি-
বুঝে নাও- আমার না বলা কথাটুকু ।


তবু প্যাচে ভরা  ঘিলুতে  সে
নোনা ধরা স্যাত স্যাতে চিন্তা
পায়নি  যে  সমাদর--
বাস্তবে দাঁড়িয়ে,আবেগের বেড়াজালে
ফাটা ঘন্টির মতো  আওয়াজ  করে
বের হোয়ে  আসে কিছু  শব্দ--
বোঝাতে পারিনি -  ঠ্যাৎলানো মনের
চিলটি  কোণে আজো  পড়ে আছে
একান্ত পবিত্র  `ভালোবাসা`

# বন্ধুত্ব

বন্ধুত্ব কি হারিয়ে যায় -- তাপসী ?
আমি তো জানতাম বন্ধু
হারিয়ে গেলেও বন্ধুত্ব হারায় না।
এমন কিছু দুর্বিসহ পথ দিয়ে 'জীবন'
হেটে চলে, যখন কোনো বন্ধু থাকে না,
তখন বন্ধুত্বের সকল সঙ্গা মেনে
বন্ধু হয়ে কেউ, বন্ধুত্ব গড়ে ফেলে-
আবার দিগন্তের সীমানায় মিলিয়ে যায়।
তোমার সাথে আমার অন্তরঙ্গতাকে,
প্রেমই বলো আর ভালোবাসাই বল,
কি নাম দেবে তাকে ?
কাকে তুমি আগলে রাখবে প্রাণে !
যদি প্রেম হয়ে কাছে আসো তবে
প্রেমের মর্য্যাদা কে আগলে রাখো-
যদি বন্ধু হয়ে কাছে আসো, সেই
বন্ধুত্বের ক্লেশকে প্রাণে ধরো- কারণ
প্রেম একদিন হারিয়ে যাবে,
বন্ধুত্ব কোনোদিন হারায় না।


তাপসী, আজ তুমি কি আমার বন্ধু হবে ??

# বসন্তে ফেরা

কিচির মিচির করে পাখি

অন্ধকার ভোরে

আলোর রেখায় মেলবে ডানা

আপন মনের সুরে


নৌকায় পাল তুলেছে মাঝি

বসন্তের হাওয়া উথাল পাথাল,

গন্তব্যে পৌছোতেই হবে

ব্যাকুল মন উচ্ছাসে মাতাল।


ফুলের গন্ধ মন মাতানো রঙ

পলাশ শিমূল মুচকি হাসে,

ফুলেদের জলশায় আজ

কৃষ্ণ চুড়ার তোরণ সাজে।


উৎস মুখর পরিবেশ মাঝে

নাচ গান নাট্য পালা,

কোকিল পাখির কূহু রবে

বসন্ত দোলের বরণ ডালা।

দখিন দুয়ার গেছে খুলে

রাঙিয়ে দিয়ে যাবে এবার,

সবার মনে লাগলো যে রঙ

প্রকৃতি খেলে রঙের বাহার।


কিচির মিচির গুঞ্জে আবার

বেলা শেষে ফিরে নীড়ে,

নৌকা আবার লাগলো তীরে

ঘরের মানুষ ফিরল ঘরে।

# ভয়

কখনো অপেক্ষায় তুমি
কখনো বা আমি


একত্রে হেটেছি কতদিন পাশাপাশি
সযত্নে এড়িয়েছি স্পর্শের হাতছানি
যদিও জানি রোমে রোমে
আছে উষ্ণ প্রস্রবণ
এড়িয়েছি দৃষ্টি - আশ ভরা লহর,
সাহসে গেরো এতটুকু হয়নি ক্ষয় ।


আজ অনেক কাছে এসে গেসে মন
হৃদয়ে গোধূলির শান্ত ছায়া
স্পর্শের ব্যকুলতা অনেক হয়েছে ক্ষীণ
তবু, আজো দুজনে একা পাশাপাশি
নেই রোমাঞ্চ নেই শিহরণ,
আছে শুধু ভয় ।

# বিগ্রহ

ফুলের শোভা বাড়লো যেন আজ ,

এখন অন্য  কিছুর নেই কোনো কাজ

নেড়ে ঝেড়ে  মুছে  আবার রেখেছি

দুধ রঙের  আলো পশে জ্বালিয়েছি

পর্দা গুলো পাল্টে দিয়েছি দু-ধারে

আভরণ পাল্টে চন্দন লেপেছি বারে বারে,

সরিয়ে রেখেছি পুরোনো প্রদ্বীপ-থালা

নতুন থালায় সাজিয়েছি  নৈবিদ্যের ডালা

এবার শুধু ফুল সাজানোর পালা-

পায়ে ফুল কলি, হাতে লাল ফুল

গলায় বকুল মালা, আহা কি অপূর্ব সাজ,

বোধ হয়, ফুলের শোভা বাড়লো বুঝি আজ।

# বিরহী

অভিমানী বৃষ্টি  মেখে

শাওন রাতে খেয়া করেছি পার,

নিঃশব্দে  নেমে গেলে তুমি

তাকালে না ফিরে,

অবিরত বৃষ্টি  ধারায়  ভিজে

জলে দাঁড়িয়ে বালির স্তরে স্তর

আমি শুধু আছি তোমার পানে চেয়ে

যদি শুনি আবার - অস্ফুট কিছু স্বর,

মন জানালার গায় বিষাদ ঝাপটা মারে

অনেক খুঁজেছি তোমায়, পাইনি-

গহীন অন্ধকারে, কেন চলে গেলে ?

অন্তবিহীন  অন্তরালে--

# বোবা কান্না

বুকেতে জ্বলন জ্বলে যায় ধূপ

তুমি বসে চুপ

এক মনে ঝরে যায় চোখের মুক্তো বিন্দু

টুপ টুপ টুপ ...


বোঝা যায় না সুখ না দুঃখ

গর্ভবতী হল ...

উদরে ধরো না দুঃখের পাহাড়

ধরো না জঠরে গেরো

যায় না বলা কখন খুলবে

অন্ধকারের স্তূপ।


বৃষ্টির ফোটা ঝরে ঝরে

পাপড়ির গায় পড়ে

ব্যথা ও কি পেলো! সমুদ্র প্রভাতে

বোধের গায় হিম,

কেউ জানে না সূর্য তারা চাদ

আজ কি তবে সবাই নিশ্চুপ?

# বৃষ্টি বলে

জোর কদমে ঝিরি ঝিরি বাতাস

বইয়ে দিলো উত্তরের হাওয়া,

স্খলিত ছিন্ন-মেঘ বাস্পের মত ছুটছিল ...

বলে- এই চলা যেন এক নতুন পাওয়া ...

দগ্ধ দাব দাহে আষাঢ়কে প্রার্থনা,গলাও জমাট

ভিজিয়ে দাও জীবন বনাঞ্চল,

শেষে আর্তির অবসান,

সূর্য ত্যাজে মেঘ গর্ভে বর্ষার জন্মস্থান।

তপ্ত মাটি  শীর্ণ ঝরণা বলে-প্রর্থনাতেই ছিলাম,

বর্ষা বলে--আজ সবাইকে বৃষ্টি দিলাম।

# বুড়ির ঘর ছোঁয়া

আজো আমি ঘুরে ফিরি

সেই আকাশের নিচে

যাকে আমি রোজ দেখি,

দেখি তার ছ'ল

তবু আজো পারিনি চিনতে

কত তার অপরূপ  রঙ

কত তার স্বরূপ বদল ।

মাঝে মাঝে প্রশ্ন জাগে মনে

এই পৃথিবীর ব্যবহার দেখে----

কত আনবিক মনের পচা ঢেকুর ছোড়ে

ওই নীল আকাশের গায়ে ।


নীল  বড় অপরূপ

নীল বড় বিষাক্ত বাস্তব

ওই নীল রঙ নিয়েই আজ

আকাশ কেবল স্থির ভাঙন হীন।

তবু আমি আজো হাটি তাঁরই নীচে

ভিজে পুড়ে ছেঁড়া কম্বলের মোড়ে,

কেলেন্ডারের তারিখ গুনে

যত তারা দেখা-- একমাত্র লক্ষ্য
শুধু সেই বুড়ি ছোয়া।


# চেহারা


এই যে দেখছো তিনতলা বাড়িটা এটা আমার।
শুনেছি, বড়লোকদের নাকি খুব একটা ঘুম আসে না,
শুধু চিন্তা, কি করে দোতলাকে 'পাঁচ তারা' করা যায়
তারই সাথে লুকোচুরি খেলার খামার।

আমি ঘুমিয়ে পড়লেই অসাড়
আমার 'আমি'- জেগে ওঠে তখন,
হেঁটে চলে বহুবর্ণের ফুটপাতে, কথা বলে,
দন্ড-কারণ্য বাসীদের সাথে
যাদের একটিও বোতাম নেই জামার।


"আমি" দেখা করে শক্তির সাথে
দেখা করে সুনীলের বর্ণ বিস্তারে---

মনের কথাটুকু

আর হেটে চলে নাগাসাকির বস্তিতে
যেখানে, আজো জন্ম নেয় বিকলাঙ্গ আঁকার।


এমনি করেই 'আমি' ঘুরে ফেরে
আনাচে কানাচে গলি গোয়ালের দোড় গোড়ায়,
জলে স্থলে অন্তরীক্ষে অবাঞ্ছিত জায়গায়,
লক্ষণ নেই থামার।।


যখন প্রভাত কড়া নাড়ে আর
আমার রাতের 'আমি' ফিরে আসে,
ক্ষণিকের কিংবা অভ্যাসের ঘোরে
আমি জেগে উঠি, সম্মুখে আমার পোড়া রুটি,
সকালের জলখাবার।


যদি হতে পারতাম পৃথিবীর বুকে আকাঙ্ক্ষিত'শক্তিমান',
আমার অবয়ব হতো- 'মেঘনাদ', হাতে অগ্নিবাণ,
খোলা যেত কত অজানা আধারের স্তব্ধ রুদ্ধ দ্বার
সংহার হতো উচু নীচু ধর্ম বর্ণ বিভেদ অসমতার পাহাড়,
ছিনিয়ে নিতাম দুঃখের আধার
অনৈতিক সমাধান দুহাতে নিংড়ে ফেলে,
আমি যেনো এক, স্ফুলিঙ্গের আকার।

এই যে দেখছো তিনতলা বাড়িটা, এটা আমার

এটার চতুর্দিকে আছে অগুন্তি সিঁড়ি

তোমার আমার- অনেক উঁচুতে আর গভীর

নীচে নামার ।


# চেতনা


মন দিয়ে যখন বুঝতে চেষ্টা করি

সূক্ষ্ম মানবতা বোধ অশরীরী আনাগোনা

ঘিরে ধরে মনে প্রসন্নতা উবে যায় ।

পাখির ডানা ঝাপটানো অন্তিম চেতনা

যখন করে উন্মত্ত,সন্তর্পণে বিদ্ধ তীর

খুলে ফেলে দিয়ে সমাজের পানে দেখি ...


স্বাধীনতার কপালে কলঙ্কের ছাপ

একে দিতে চায় যারা, মানবতার শিয়রে

হিংসার বিজ বুনে দিতে চায় যারা

মনের কথাটুকু

অবশ অনুভূতির সদ্য ফোঁটা ক্ষণ

নিংড়ে নিতে চায় যারা ...


হে মহান শক্তি-- চেতনা জাগাও সব সে

অনাদরে দগ্ধ আত্মায়  দাও আত্মশুদ্ধি প্রেরণা,

অঙ্কুরিত হোক অনুভূতির লহর

মানবতার  জাগরণ।


# ছন্দ পতন


একদিন

এই পথেই তুমি এসেছিলে

কোন এক শারদ সকালে

সেদিন তোমার আর আমার সাজে

এই একটি পথও সেজেছিল

শীতল বকুলের গালিচা।

তুমি এসেছিলে

আমার বুকের ধপ্ ধপ্ ধ্বনি আর

তোমার চলার ছন্দে মিশে...


কিন্তু আজ

ঘটেছে ছন্দ পতন শুকাল সব বকুল

তোমার চালায় আজ শুকনো ফুলের

মর্ মর্ ধ্বনি...


পলাশ রঙের তীব্র আভা আর

পলাশ বুকের রক্ত

অঝোরে ভিজিয়ে দিলো তোমার দুটি-পা

আর তুমি ফিরে গেলে।

# ছোট্ট একটি খবর

একটি ছোট্ট শহর,

চতুর্দিকে জ্বলছে আগুন, গাছপালা বাড়িঘর

আকাশে উঠছে লেলিহান শিখা

এদিক ওদিক ব্যর্থ ছোটাছুটি

মানুষ পশুর চেচামেচি চিৎকার,

চতুর্দিকে ফুটছে মিসাইল আর বোম।


সব গেছে বোধহয়,

কিছুই বেচে নেই বুঝি আর--

উহঃ কি বিভৎস সে দৃশ্য

মেসাকার মেসাকার।


দুদিন পর নানান পত্রিকায়

বেরোয় ছোট্ট একটি খবর---

'বিদেশি আক্রমণে মা-বোনকে বাচাতে

ভাইয়ের হয়েছে কবর।'

# চিঠি বন্ধুকে তৃতীয় বিশ্বে

কেমন আছ তুমি, তোমার বিশ্বে

সহস্র আলোক বর্ষ দূরে ...

পাইনি কোন খবর আজো

জাগতিক চলমান স্রোতে।


এ বিশ্ব এখন জাতি-কলের সংঘর্ষে মাতাল,

ভাইরাস মহামারী মিসাইল আর দাবানল

আণবিক বোমার ক্রুরতার সংহারে

জ্ঞাতি হননের মুখে দাঁড়িয়ে, এই

সভ্যতা ছাড়িয়ে কালের ব্ল্যাক-হোলে ...

যে কোন সময় ঘটে যেতে পারে

ধ্বংসের লীলা খেলা, কোন এক নির্দয় প্রভাতে।


অসংখ্য তারার ভীরে সীমাহীন ছায়াপথে

খুঁজি তোমায়, হয়তোবা সংখ্যার নীরে কোন এক

একটিতে তুমি আছো, জ্ঞানে বিজ্ঞানে সীমাহীন

ভাবনায় এগিয়ে ...

আমারই মতো লিখে যাচ্ছ গননার কড়া গুনে

কবরী বিলোপ তালিকা ...কিম্বা কবিতা।

# ধীরে ধীরে ধনী হচ্ছি

বুঝতেই পারিনা আজ দুর্মূল্যের এই বাজারে

আমি এখন কোন পর্যায়  আছি

চওড়া দাম বাজারেতে প্রত্যেক  জিনিসের

তবুও তো  রবিবারে খেয়ে যাচ্ছি  খাঁসি ।


বাইশ হাজার মাইনেতে সংসার চলছে

দু-নম্বরি আয়ও নেই  মাইনেও বাড়েনি ,

বেড়ে যাওয়া বিলগুলো এ বাজেটেই গলছে

স্কুলের লেট ফাইন এক টাকাও ছাড়েনি ।


আটশো টাকার গ্যাস-সিলিন্ডার বারোশ হলো

আশি টাকার পেট্রল এখন একশ-দশে কিনছি,

দেড়শো টাকার সর্ষে-তেল দুশ-কুড়িতে পৌঁছলো

আলু পেঁয়াজ চাল ডাল চওড়া দামেই  কিনছি ।


বিদ্যুৎ মাসুল বেড়ে যায়-  তাও টের পাই না

বিল বাড়ে ভাবি, বেশি জ্বালিয়েছি  বুঝি,

এভাবেই সব কিছু চুকিয়ে যাচ্ছি  আজ-কাল

ধনী হচ্ছি ধীরে ধীরে-এবার ধনী হচ্ছি  বুঝি ।

চার জনের সংসারে হয়না ভালো খাওয়া দাওয়া
যখনি আত্মীয়ের হয় বেশি  আনা-গোনা ,
‘উচ্চ চাপ আর মধুমেহ’ এভাবেই তো ধরেফেলে
ডাক্তার আর ঔষধের জন্য পুঁজিতে নেই সোনা ।


এ ভাবেই দাম বাড়ে নানান  প্রতি পণ্যের
মেনে নিই মুখ বুজে, দিয়ে দিই - দিতেই তো হবে,
কি ভাবে পারছি এটা বুঝতেই পারি না
"ধনী" কি হচ্ছি  আমি- সেটাই তো বুঝতে হবে ।


# দ্বিতীয় পুরুষ

সে রোজ ঘুমায় আমার পাশে, আবেশে।


আমি কাজ শেষে চুপটি করে ঘুমোতে যাই,
কেঁপে উঠি, ভাবনার চাবুক আঘাত করে
ব্যথা বাড়ে, পুরোনো দিনের যত খুনসুটি
প্রেমের জোয়ারে নিভৃতে ভেসে বেড়ানো

মনের কথাটুকু

রঙিন দিনগুলো... সে আজ নেই কাছে।


কেন ভালোবাসা থাকে না পাশে ?
নতুন নতুন প্রেম ভালোবাসা
সে তো এ 'মন' তৈরী করেনা রোজ !
মনের সাথে ভালোবাসার যে বাঁধন
আজ সেও রিক্ত- নিখোঁজ ।


কতো স্বপ্ন উড়ে ভাবনার ঘোরে,
পার্কের ব্যঞ্চ নদীর ধারে - মাঠে ঘাটে
বোটানিকেলের চম্বরে, আরো কত
মনের চাওয়া সুখের প্রান্তরে-
সেও আজ স্মৃতি ।
বাস্তবে হারিয়ে যাওয়া ভালোবাসা প্রেম
গরম তাওয়ায় শুকিয়ে গেছে ক..বে....


আজ যে আছে সামনে - সে এক নতুন পুরুষ ।
বিছানা ছেড়ে অন্ধকারে মেজেতে হাটি----
কেউ নেই পাশে ।

# দুজনে'- জাটিংঙ্গার আলয়ে

সবাই বলে তোমার আমার বিয়ে নাকি

সাত জন্মের বাঁধন।

যাদের বিয়ে হয়েছে অবশ্য তাদের

সবার বেলায়ও একই কথা খাটে,

কেউ কেউ বোঝে কেউ আবার হাবাটে,

তবু সহস্র বছর সঙ্গে থাকার পরও

হয়তো সব্যস্ত হবে না;  তুমি আমার কিনা !

মন কি করে থাকবে এই শরীর বিনা !

তাই এখন ওসব গাঢ় কথা থাক,

এই সময়ে একটু অন্য কথা ভাবি ।


যাবে নাকি 'জাটিংঙ্গা' পাহাড়ের চূড়ায়

কমলা পেকেছে, চলো খেয়ে আসি

দেখি-কেমন ভালোবাসো- আর কেমন ভালোবাসি।

পাহাড় কোণে সূর্যাস্তের লাল কিরণ

উজ্জ্বল মুখে আবির রং একে যায়।


চিন্তা উড়ে চলে অগাধ গভীরে,

মনের কথাটুকু

তোমার মন কি আমার মনের দৃষ্টি কোণে বিভোরে পরশ করে !

নীরবে চাঁদ যখন ওঠে

দুরন্ত মেঘ তাঁকে জড়িয়ে ধরতে চায়- বলে,

থাক না- 'আমাকেই নয় দিও অফুরন্ত জ্যোৎস্না ঢেলে !


দুজনে আবেশে হাটি

গায়ে জল প্রপাতের হাওয়া লাগে

ক্রমশ তীব্র ঠান্ডা কন কনে......


&&&&&&&&&&&


দ্রস্তব্য : : পটভূমি :--

'জাটিংঙ্গা' --ডিমা হাসাও জেলার হাফলং শাহরের একটি

পৃথিবী বিখ্যাত পাহাড়ি এলাকা --

যেখানে "পাখি আত্মহত্যার জায়গা"

(Birds Suicide Point) বলে সর্ব দিক বিদিত।

# দুঃখ নিলো ছুটি

পেখম মেলে দুঃখ নিলো ছুটি

তুমি এলে আজ তাই মন ছুটোপুটি,

শারদ আকাশে তুলো চেরা মেঘ

দেয় বার্তা দেবী মা'র আগমনী

সকালে হাওয়ায় ভাসে শেফালির গন্ধ

বনে, কাশ ফুলের দোল দোলানি,

কান্না ভেজা মুখে আনন্দের ছাপ

আজ বুঝি নিরানন্দের ভাঙলো খুটি।

# হাহাকার

আমি আজ দিকে দিকে শুনি হাহাকার

সহস্র মানুষের হাহাকার

মানব আত্মার হাহাকার,

শুধু বেঁচেই থাকা ...


আজ নিষ্ঠুর নিয়তির কড়াল গ্রাসে পড়ে

নীরবে নিরলে বসে চক্ষু মোছে

শুধু বেঁচেই থাকা ...


সাগর তোমার যেন শক্তি আছে

পৃথিবী তোমার যেন গর্ভ আছে

আকাশ তোমার যেন আঁকার আছে

লুকিয়ে রাখতে আজ সেই হাহাকার,

হাহাকার হাহাকার বুভুক্ষু জনতার

শুধু বেঁচেই থাকা ...


এক মুঠো অন্ন বস্ত্র একটি

মনের কথাটুকু

ঘর লাগে একটি শুধু আশ্রয়ের

সাগরে পারে না, আকাশ পারে না

আর পৃথিবীর নেই কোন শক্তি নিজের

লুকিয়ে রাখতে আজ সেই হাহাকার


হাহাকার...

মানুষেই মানুষকে  দেবে আহার

লাগে একটু প্রেম, শুধু ভালোবাসা

শুধু একটু প্রেম  শুধু ভালোবাসা ...


# জয় জগন্নাথ


রথযাত্রা ধুম ধাম আষাঢ় মাসের মেলা

রথের দড়ি টেনে টেনে কেটে যায় যে বেলা,

এই মাসেরই শুক্ল পক্ষে মাসির বাড়ি যান

জগন্নাথ- সুভদ্রা-বলরামের ভক্তরা করে গান।


নবম দিনে ফিরে আসেন একই রথে চড়ে

বৃষ্টি ভেজা কেনাকাটা খেলনা জিনিসে ভরে

মনের কথাটুকু

চিনি কলা জিলিপি পাঁপড় মেলায় বসে খাই

নাগারদোলা চরকি ঘূর্ণির উঠতে মানা নাই ।


প্রতি বছর মেলা বসুক প্রার্থনা করি তাই

"জয় জগন্নাথ" বলে যেনো চাকা ঠেলতে পাই ।


# যেখানে তুমি অপেক্ষায়


জলের সুরে যাচ্ছি  ভেসে কোথায়

পাথর ভাঙা অবাধ স্রোতে অবেলায়

ঢেউয়ের আঘাতে বুঝতেই পারিনা

জীবন ভেলা কোথায় বয়ে যায়

একি জীবন গাঁথার রোল

নাকি ধংসের কোলাহল,

সুরের ঢেউয়ে সাঁতার কেটে অবশ শরীর

দুহাতে জাপ্টে ধরতে চায় মূর্ছনার নীড়

তবু পৌঁচে যাই  সেই অচেনা জায়গায়

যেখানে তুমি আছো আমার অপেক্ষায়,

সজল চাউনি আঁকড়ে ধরে শীতল হৃদয়

উষ্ণ আবেগ গুমরে খোঁজে হেথায় হোথায়।

# জীবন

এ শুধু এক মোমবাতি নয়

যাকে ফুঁ দিলেই নিভে যাবে,

উবে যাবে অবিনশ্বর আত্মা,

এ শুধু এক প্রতিদন্ডিতা

বিবর্তিত অস্তিত্বের লড়াই, তুঙ্গে চাবিকাঠি

যার প্রতিযোগি--- তুমি, আমি আর সবাই ।


এ শুধু এক আবহমান সিন্ধু

যার নেই কোন আদি অন্ত ।

অতল সাগরে বিস্তৃত গহ্বর

নেই  তার কোন পারা পার

কখনো মুখর কখনো মলিন গতি

প্রলোভিত মহাকালে

মন্থরে প্রবাহ চড়াই উতরাই ।


এ এক এমন কঠিন রাস্তা

এমন এক মায়াজাল,

জড়িয়ে পড়েও চলতে থাকে

মনে হয় এক অতল খাল,

কেউ আসবে না এগিয়ে এখানে

'নিজের ভাগ্য নিজেই গড়ো'

চলতে হবে নিজেকেই যখন

নিজের রাস্তা নিজেই ধরো,

চলার পথে হারিয়ে যাবে

নিশ্চিহ্ন হবে অনেকেই---

চালাতেই হবে চিরদিন তবু

এই বাস্তব লড়াই।


# জমাট


আজ আর কিছু মনেই হয় না।


সয়ে যাওয়া মলিন মনে

গন্ডারের চামড়ার স্তর পরে গেছে

বাস্তব অজান্তে,

গোলাপ ছেঁড়ার মর্মরতায় যে মন

আকুল হতো একদিন,

ডানা ঝাঁপটানো অব্যক্ত অন্তিমে

সে আজ নিথর।

প্রকৃতির ঝরণা ধারায়

মুছে গেছে যে ভেদাভেদ - অমিল

সবুজ পাহাড় তলে কর্কট উদয়

খুন করে নিষ্পাপ হৃদয়--

তারই ˋঘাঁˊ খেয়ে এই অথর্ব জীবন

গুমরে গুমরে কাঁদে ,

শৃঙ্খলিত মন স্বাধীন মাটিতে

এক মুঠো অন্ন খোঁজে ।


ধর্ষিতা নারীর আর্ত চিৎকারে

নিস্পন্দন দুই চোঁখ, তবু

মনে বাজে না দুন্দুভি শাখ

আসে না শোকের কান্না--


ক্লেদ জড়ো মন

আজ আর কিছুই মনে হয় না ।

# কবর

পাপড়ি, ঝরেও ছিল একদিন

শেষে পাঁচে যায়-শুকিয়ে যায়, গন্ধ তারই বুকে।

জন্ম নেয় শিথানে সিক্ত শেওলার ভ্রণ

শেষে ছড়িয়ে পড়ার পালা, দুর্নিবার গতিতে ...


খৃতু চক্রের ডুব- জাহাজে ওরা আসে

দিয়ে যায় শিস্‌--- শুনিয়ে যায় গান

ওদের চলার পথে,

বর্ষ শেষে তুমি আসো একদিন

আঁচলে প্রদীপ ঢেকে, জ্বেলে দাও ধূপ

মনের শেওলা তুলে আর একটি ফুলের তোড়া

স্মৃতি জাগানোর মোহে ।


তারপর মাঝে কিছু সময় ...

প্রজাপতি আর আসেনা চুপে চুপে।

# কোঠা

ভেতর এখনো ফাঁকা চুপ চাপ
শুধু আশা যাওয়া
কুয়াশা ঘোর জঠরে শব্দ
কখনো দরজা খোলা
তারই সুযোগে দূর দুষ্ট চোরের
চুপি চুপি আসা
অলীক ভাষার শব্দ কিছু লেখা
চুপে চলে যাওয়া
মনে হয় অশরীরী আনাগোনা
এই আসা যাওয়া ।

শব্দেই ঘুম ভাঙা যদি হয়ই ভোর
তবে আশা চাওয়া পাওয়া সুখ
সুস্থ ভালোবাসা - স্বপ্ন কোহর,
জেগে জেগে না পাওয়ার দিকে চেয়ে
শব্দ নিজের ভিতর - নগ্ন নীরবতা
তখন মনেই হয় সৃষ্টির আদিম থেকে
এই আসা যাওয়া, আর
শব্দে নীরব শব্দের সরবতা তবু
ভেতর এখনো ফাঁকা ।

# কত না হাজার ফুল

কত না হাজার ফুল

    প্রতিদিন ফোটে কত গাছে

কত ঝড়ে যায়, কত দলে যায়

ধূলায় বরন ডালা, তুলে নেয় কত

    কতো জনে গাথে মালা ।


নানা রঙে ফুলের বাহার

    মালা গাঁথা সুক্ষ হাতে---

কেউবা খোপায় গোজে, কেউ মণিবন্ধে

অঙ্গেতে শোভে হিল্লোলে,

কেউ বা গলায় পড়ে

    কেউ  পড়ায় স্মৃতির টেবিলে ।


কত না হাজার মালা

    প্রতিদিন গাথে কত লোকে

তবুও আমার নামে একটাও মালা গাঁথে না,

তবে কি আমার প্রিয়

    ভূলে গেছে আমার ঠিকানা ।

# লাশ

নাম না জানা পথের ধারে

পড়ে ছিল 'ওর' নিথর লাশ'টা

কেউ জানেনা বা কেউ চেনেনা,

হয়তো বা কেউ জানে - চেনে

দেখেছে তাঁর শেষ শ্বাসটা।

কেমন যেনো গোমোট গরম আবহাওয়া

সবার ভাবলেশ হীন উদভ্রান্ত চোখে চাওয়া,

খবর ছুটছে আর গুজব রটছে...


শুধু দোষ করেছিল একটাই-

প্রিয়ার ঔষধ আনতে গিয়ে

রেল- লাইনের ধারে- অন্ধকারে

ওই ফার্মাসিটার পাশটায়- অজান্তে

শুনেছিলো- শহর ধ্বংসের দুটো কথা,

স্বাধীনতার সূর্যকে বারুদে ঢাকার কথা

দেখেছিলো- ধর্ষিতা নারীর শরীরের

দেনা-পাওনা, আর দেখেছিলো-

নিষিদ্ধ অস্ত্রের বেচা-কেনা...

# মসৃন শাড়ীর আড়ালে

লাল পাড় শাড়ীর আড়ালে

যেনো এক ফুটন্ত গোলাপ

ঘোমটার ভিতরে লুকিয়ে থাকা

মুচকি হাসিতে এক চতুল স্বভাব।

কপালে বড়ো টিপ ...

হরিণী চোখ ---

রাঙানো ঠোঁট ---

লজ্জায় চুপ ---

পেছন থেকে দেখা যাচ্ছিলো

মসৃণ কাপড়ের মধ্য দিয়ে

সে যেনো এক মোহময়ী রূপ,

বসেছিল ওই সামনের টেবিলে।

দেখতে পারিনি বলে- ছিল এই ক্ষোভটা,

তবুও সামলানো যায়নি- তাকে দেখার

সেই অপরিসীম লোভটা.....


'হঠাৎ- একটা দমকা হাওয়ায়

সড়ে গেলো মাথার ঘোমটা, সেই--

পেছনে দাঁড়িয়ে থাকা আমার চোখে চোখ,

মনের কথাটুকু

চমকে উঠলো এক সবুজ সত্ত্বা,

অনেক দ্বিধা দন্দে দাঁড়িয়ে সেই 'তুলনাহীনা'---

লাল রাঙা চোখে খুঁজে ফেরে তাকে যে চির চেনা।


তবু সে বলতে পারেনি কোন কিছু

মনের কথা-- অথবা

বুকের ব্যথা--

শুধুই নির্বাক—

চেয়ে থাকে অচেনা অতিথির দিকে !!

# মনসুন

সন্ধ্যা বেলায় তারা গুনছিলাম
ধাঁধার খেলায়,
যখন ঘুমাতে যাই, বিন্দু বিন্দু
শিশির কণা ঝড়ে পড়ছিলো
গোলাপ ফুলের গায়,
যখন ঘুম ভাঙলো - দেখি
আকণ্ঠ জলে ভাসছে
আমাদের 'মানচিত্র',
বুঝতেই পারিনি ওরা এসেছিলো
মধ্যে রাতে।

# মুক্তির স্বাদ

আদর করে দিতাম খেতে

মায়া পড়েছিল বেশ

যত্ন করে কথা শিখলি

আজ দিনটাই তোর শেষ।


এতোদিন তুই বন্দী ছিলি

ব্যথার সঙ্গী ছিলোনা কেউ

আজ তুই যে মুক্তি পাবি

মনে উঠবে খুশির ঢেউ।


তোর সঙ্গীরা নতুন হবে

নতুন কেউ বাঁধবে জোট

ব্যথার কথা তোর ভাষাতেই

বলবি তাদের মিলিয়ে ঠোঁট।


হঠাৎ করে কেনো জানিনা

মনে এলো তোর বন্দী দশা

আটকে রাখার ব্যথা বুঝিনি

যত বলি তুই আমার পোষা।

তাই তো আজ দিলাম ছেড়ে

খোলা আকাশে উড়ে যা

মুক্তির স্বাদ কি যে মধুর

মুক্ত আকাশেই বুঝবি তা।

# নাইবা হলো তোমার সঙ্গে দেখা

নাইবা হলো তোমার সঙ্গে দেখা

তবুও তুমি আজো আমারই প্রাণ সখা

একত্রে যে পথে চলেছি বহুদিন

হয়তো বা হল সে পথ অকালে মলিন।

এখন আর আকাঙ্খার তারা গুনি না,

সুপ্ত মনে রঙিন পাপড়ি হল তপ্ত মরুভূমি

তবু, হৃদয়ে আছে যে সহস্র প্রতিচ্ছবি

তারই স্মৃতি নিয়ে আজো এই মালা গাথা

বেখেয়ালে গাব সাজাবো পড়াবো সেই মালা।

# পুতুল খেলা

যে অনড় বাহুতে ঝুলে

তোমার অই কোমল উষ্ণ শরীর

অধরে চুম্বন আঁকে

কাল এক নিষ্ঠুর আঘাতে

লৌহ মুষ্টি হবে বিক্ষত বিকল,

ছড়িয়ে পরবে গায়ে

কাল সর্প বিষ ----

নেমে আসবে দু'চোখে আধারের ঢেউ

কখন পেরিয়ে যাবে এপারের বেলা

ভেঙ্গে যাবে ক্ষণিকের পুতুল পুতুল খেলা---

চুরমার হবে যত যজ্ঞের শিকল

নিয়ে যাবে সব ঘৃণা অবহেলা

জড়ানো দু'হাত ঠেলে।

ক্ষণিক জড়িয়ে রইবে তুমি সে

শীতল শবের গায়ে

মুক্ত কণা ঝড়ে পড়ে

পাথর হবে দু'চোখ, বেসুরো বেতাল

দীর্ঘ শ্বাস বেছে নেবে বাচার শান্তনা।

# প্রবর্তন

এবার হবেই হবে জয় ।


অগ্নি মন্দা নিরাশার প্যেটে

ঢেলেছি  হজমের  গুলি ,

ঢলে পড়া  গাছের গোড়ায়

ছিটিয়েছি  নিঃধংসের সার,

মহাকালের কাছে চেয়ে নিয়েছি

আজ, দুই  দণ্ড সময় ।


মৃত্যু থেকে বেঁচে ওঠা প্রত্যাশাগুলি

প্রতিযোগিতায়  নামে,

চোখের নিমেষে ছড়িয়ে দেয়

বিধ্বংসী  দাবানল

চৌ-খাটের নীচে নিয়ে ভিমরুলের

সংযম,  নেই কোনও  ডর-ভয় ।


আমি দরজা খুলে দেখি

পতাকাই  শুধু নয়--

এ যে  প্রলয় ।

# রাতের অতিথি

স্তব্ধ স্বাধীনতা,

স্তব্ধ আকাশ বাতাস নিথর আকাশে তারা

আমি শুধু একা জেগে

চুপ করে খোলা জানালায় দৃষ্টিতে করি বাস...


কি নিষ্ঠুর তবু বাস্তব ওই চেহারা

ক'ফোটা শ্রমের দাগ-

ক'ফোটা শোকের কান্না

এড়াতে পারেনি বিধাতার করাল গ্রাস ।

ওরা আসে দলে দলে  নিঃশব্দে চলে যায়

অন্তরালের পাশে পাশে লুকোচুরি খেলে

এক সীমানা থেকে আরেক সীমানায়...

হাতে ওদের ছোট পুঁটলি, বিহ্বল চলার গতি

সকরুণ চোখের চাউনি, কারো কোলে

অভুক্ত দুধের শিশু  উলঙ্গ শরীর

কারো বা কৌপিণ  অঙ্গ বাস ।

মনের কথাটুকু

ওরা চলে যায়  কেটে যায় কিছু দাগ।
মিসাইলের চেলাকুচি, পরমাণুর জ্বালা গ্যাস
আর লক্ষ টন বোমার টুকরো মিলে মিশে তৈরি
 শুধু একটি নাম---'শরণার্থী---
বারুদের গন্ধ নিয়ে, ধর্ষণের চিহ্ন নিয়ে
আহারের আর্ত নিয়ে অন্ধকারের আগন্তুক ওঁরা
প্রতি দেশের  দগ্ধ দর্পণ ।


চিন্তায় ঘর ছেড়ে  রাস্তায় হাটি--
শুনি  ইথারের দীর্ঘ শ্বাস ।


# রুবিক্স কিউব

তোমার ডাক নাম দেবো রুবিক্স কিউব,
দেয়ালের ছবি দেখে ভাবনা দিয়েছে ডুব
তোমার বিচ্ছুরিত  রং  চোখে বাড্ড  লাগে
মনের কেনভাসে আঁকা যে ছবি, আজ ফ্যাকাশে

মনের কথাটুকু

স্মৃতি গুলো আজ দেয়ালে পড়ে প্রতিবিম্ব হয়,

দেয়ালের ছবি তিরস্কার করে যেনো কিছু কয় ...

এতো দিনে বুঝি হলো না ঠিক- ডাকার মতো নাম,

ফ্রেমে বন্দি, ধুলোয় ঢাকা, কোথায় আমার দাম!

অন্ধকারে বন্ধ ঘরে শ্বাস রোধ করা পরিবেশ

রঙের ছোঁয়ায় ভিন্ন হাওয়ায় মুক্ত কর আমার বেশ --

ধুলো ঝেড়ে ফ্রেমে দেখি- সেই মোহময়ী রূপ,

বলি- আজ থেকে ডাক নাম হবে তোমার "রুবিকস কিউব"।


# শহিদ মিনার


চাতকের মত কিংকর্তব্য বিমূঢ়

ওই যে শ্রীহীন স্মৃতি

আজ আর ব্যথা দেয় না ।


সে তো স্মৃতি নয়, এক ফল্গু নদী---

যার কাব্বালল মুখর পথের ধুলি কণা,

ওই গাছের পাতা, ওই ঘূর্ণি প্রাপ্ত বাতাস,

## মনের কথাটুকু

আসে পাশে ছড়িয়ে পড়া দূর্বা ফুলের সংসার

আর আরো কত জন...

তুমি বুঝবে না ওদের ভাষা,

তুমি শুধু জানো, ভাইয়ের রক্তে রাঙানো

একটি দিনের কথা, তাতে টর্পেডো হয় না।


আজ,ওই যে ফুটে আছে রক্ত লাল গোলাপ,

ওদের পাপড়িতে হাত রাখ

অনুভব কর ওদের স্পন্দন,

ওই যে মহীরুহ ওদের আলিঙ্গন করো

অনুভব কর দেহ শিহরণ,

ওরা আজো বলে...


'সব কটা জানালা খুলে দাও না

ওঁরা আসবে চুপে চুপে

আবার গাইবে বিজয়েরই গান।'

# শুধু তুমিই

একমাত্র তুমিই পার জন্ম দিতে,সহস্র সত্তাকে

তুমিই পার খুলে দিতে ব্রম্মান্দের জটটাকে,

তুমিই পার ঠেলে দিতে তিমির রুদ্ধ কক্ষেতে

তুমিই পার স্থান দিতে শ্বেত বিশাল বক্ষেতে।


শুধু তুমিই, হতে পার অনু থেকে পরমাণু

তুমিই শুধু হতে পার বৃদ্ধা থেকে চিরতনু,

তুমিই শুধু হতে পার আকার থেকে নিরাকার

তুমিই শুধু হতে পার লিখন-লিপি বিধাতার ।


একমাত্র তুমিই হও আত্মার সাথী প্রাণতোষ

তুমিই হও সমণদূতী সায়ংকালের ভগ্নকোষ,

তুমিই হও দীনবন্ধু চির সাথী অনাথার

তুমিই হও বহুরূপী যুগে যুগে অবতার ।


তুমিই কর লীলা-খেলা মায়া দিয়ে সংসারে

তুমিই কর লয়প্রলয় আঘাত দিয়ে টংকারে,

তুমিই কর পারাপার এ-ভব পারাবার...
তুমিই কর আদি-অন্ত মিলে মিশে একাকার ।

# সূর্য্যমুখী কে দেখা

আজকে তোমাকে দেখার বিকেল আসুক,

সকালের সূর্য আজ,তোমায় নিয়ে ভাসুক

লজ্জা বতীর লজ্জা ছাড়ায় করেছে অসুক

তোমার সাথে কে থাকবে, সেও সাজলে সাজুক,

দোল দোলানি বাতাস আজ কোথায় লুকলো গিয়ে

সময় যে হয়, আসেনি ভ্রমর হলুদ রঙ নিয়ে

মুখিয়ে আছে আর সবাই, কখন বিকেল হবে

সূর্যমুখীর হলুদ পোশাক দেখাবে দেখবে সবে।

# স্বপ্ন তরঙ্গ

স্বপ্নের মাঝে জন্ম নেয়
এক নতুন পৃথিবীর  অনন্ত উন্মুখ,
আমি স্পষ্ট  দেখলাম
আদি- অন্তের মাঝে  মূক

      এক  মোহময়  রূপ
মন আমার বিস্মিত হল  মন আয়নায়
দেখি, তোমার সরস মুখ ।


আমার পা  থেকে  মাথা পর্যন্ত
বেয়ে এগিয়ে এলো
কালো কুচ কুঁচে একটি  সাপ,
আমি অনুভব  করলাম
এক জ্বলন্ত অগ্নি পিন্ডের তীব্র উত্তাপ
মন আমার কেন্দ্রীভূত হলো

      তোমার অন্তরে
দেখি, তুমি নিরুত্তাপ ।

# তার খোঁজে আমি

বৈশাখী ঝড়ের মতো ছুটি
দূর থেকে বহু দূরে
নির্জন থেকে দুর্গমে,
কেউ দেখে না আমাকে।


আমি উত্তাল দোলায় খেলি
ফেনিল বিন্দু কণায় মিশে
তরঙ্গে করি করাঘাত,
কেউ বাধে না আমাকে।


মরুভূমি বুকে মরীচিকা হয়ে
তপ্ত সোনালী বালু কণায়
পথিক কে করি তৃষা- ক্লান্ত,
কেউ বোঝে না আমাকে।


তবু হায় ! আজ একি পরাজয়
চতুর্দিকে খুঁজে মরি তাঁকে
বুক ফাটা পিপাসায়,
কেউ বলে না আমাকে।

বার বার ফিরে আসি ঘূর্ণি হয়ে

প্রবল গতিতে নিঃস্ব রিক্ত বেদনায়

নিজস্ব  গন্ডিতে ,

কেউ  ডাকে না  আমাকে ।


আমার  পৃথিবী জুড়ে

হয়তো আমিই   একা শুধু

আর  কেউ নেই অবয়বে,

তাই, কেউ খোঁজে না  আমাকে ।

# তিন স্বত্বা

এক দিন  মেঘ ঢাকে

সুন্দর  বাড়িটা, ঘন  অন্ধকার

একদিন  অচেনা বাতাস

ঢুকে পরে ঘরে, সবুজ শীতল

একদিন  সূর্য্য  ধীরে ধীরে

কড়া  নাড়ে,  নতুন প্রভাত


একে একে  ওরা আসে

ঝড় বৃষ্টি  রোদ।


একদিন রক্ত লাল

আতশ খনিতে কফোঁটা শ্রমের দাগ

একদিন সাদা খাম

তুলে নেয় বুকে  কফোঁটা শোকের কান্না

একদিন  শীত

আজান দিয়ে যায়  ছুটি আমার  ছুটি


একে একে ওরা  আসে

নিয়ে যায় প্রতিশোধ।

# তুমি আমি আর স্মৃতি

তুমি আমার রক্ত গোলাপ

গন্ধ ভরা ফুল

ছড়িয়ে রাখো তাজা সুবাস

দিন রাত ভোর ,


আমার রুক্ষ কাটা তুমি

যন্ত্রনা ভরা স্বাস

ঘায়ে ঘায়ে রক্ত ঝরাও

অস্থির অবশ নীল ,


আমার চিন্তা তুমি

জড়িয়ে আছো স্মৃতিতে

মণি-কোঠায় হাত ছানি

বাইরে রুপালি ঘোর ,


কিছু কাঁটা কিছু ফুল

সাথে কিছু স্মৃতি

ভালোবাসি ঘৃণা করি

তবু অন্ধ এ প্রীতি ।

# তুমি আবার জ্যোৎস্না গাঙে ভেসো

গোলাপ তুমি দাঁড়িয়ে থেকো

আমার পথের পশে ,

আমায় নিয়ো ডেকে

বলতে থেকো - পথিক ছিল ,


রৌদ্র ছিল, ছিল আকাশে চাদ,

তারা গন্ধ নিতো  সবুজ নিতো

দিতো প্রিয়ার  হাতে-


সেখানে ছিল না ঘাতকের ফাঁদ ।

জ্যোৎস্না তুমি বিলাস করো

নির্জন  অরণ্য পাশে

আমায় নিয়ো ডেকে


বলতে থেকো - পথিক ছিল

দূর ছিল,  ছিল  জ্যোতির-স্তর

তারা শিশির  নিতো, স্বপ্ন নিতো

এবং দিতো প্রিয়ার হাতে-

সেখানে ছিল না কালির ঝড়া।

মনের কথাটুকু

গোলাপ তুমি স্নান করো
জ্যোৎস্না গাঙে ভেসে-
সেখানে আমি থাকব, প্রিয়া থাকবে
থাকবে আরো যত
চির কালীন সঙ্গে নিয়ো
             দূর দূরের কাছে।


# তুমি নেই বলে


মনেই পড়ে না আজ,
কোথায় প্রথম দেখা হয়েছিল
কে প্রথম বলেছিল কথা
কোথায় প্রথম হাত ধরাধরি
কে প্রথম দিয়েছিলো মালা।

ঠিক চলছিল সব রোজের মতন
 পটে যেনো ছবি আঁকা,
কি যে হয়ে গেলো ছিঁড়ে গেলো সব
 ভাঙলো রথের চাকা।

স্মৃতির হাতুড়ি আজ হৃদয় তালায়

'ঘাঁ' মেরে চলে বার বার

খোলেনা বন্ধ তালা,

শূন্য ঘরে হাহাকার করে

শুধু এইটুকু পড়ে মনে--

উঠোনের টাবে ফোটে না গোলাপ

তুমি চলে গেছো বলে।

# উপেক্ষিত

ভাবিনি কখনো এই একাকিত্ব

কি করে কাটাবো রোজ,

তোমার কাছে উপেক্ষিত আমার

হৃদয় বীণার খোজ-

এই একাকিত্বে চেয়েছিলাম শুধু

তোমাকে আমার পাশে

শক্ত করে হাত টি ধরে চলবে আমার সাথে,

রাখোনি কথা, চলে গেছ তুমি

মনের কথাটুকু

আমার এ পথ থেকে

অজানা বাধন ছিন্ন হয়েছে

দিশাহীন বাকা পথে।


আজ জ্বলছে আগুন বুকের ভেতর

দাবানল নিয়েছে ঠাঁই

আঙরা হয়েছে মনের বাসনা

ধূলোতে মিশেছে ছাই।


# উত্তাপের খোঁজে


শীতের লহরে থাকার বহরে

স্বাদ বদলায় নিজেদের অজান্তে


জানি ওরা হয় তো আবার  চলে যাবে

সীমানার শেষ প্রান্তে,

তবু যেখানে যখন সেখানে তেমন

কিছু আকাঙ্ক্ষার শ্বাস

মনের কথাটুকু

চায় উত্তাপ কামনার ছাপ মুক্ত অঙ্গবাস,

তৃপ্ত হয়-মানে না ক্ষয়,

কাটে বেড়াজাল  ঘুরে ফেরে

তারপর,আবার কিছুটা সময়

ঘুরে ফেরে  এখানে

ওখানে ,যেন পরিযায়ী

আসার অপেক্ষা সেই অনুযায়ী ।

# নির্জন সৈকতে

সুপ্ত আগ্নেয় গিরির বুকে
জমে আছে কত গান, কবিতা, কাহিনী,
ঢেউ হারা সবুজ ঝিলের জলে
একাকী ভ্রমর শুধু
সাহারার মতো কাঁদে।

একাকী নির্জন পথে পরিক্রমা করে
নিটোল দু'চোখ ধরে স্মৃতি,
হিমেল বাতাস ছুঁয়ে ছুঁয়ে যেন
কথা বলে দূর কোনো প্রেয়সীর সাথে।

নগ্ন যাযাবর পথে ঘুরে ফেরে
অসমাপ্ত অশরীরী কথা,
তখন অলক্ষ্যে
তীর ভাঙ্গা ঢেউয়ের মতো
একাকী আমাকে, ছুটে চলে যেতে হয়
ছায়া মাখা মোহময় নির্জন সৈকতে।

# কলকাতার একটি সকাল

কলকাতার বুকে একটা সকাল,
কুয়াশা ঘেরা তবু আকাশে মেঘ যে বহাল
ভাইরাসএর খুনসুটি এখনো যে কাল
কিছু মানুষের হুশ হবে না কোনোকাল।


ভোরের 'চা' শেষে ব্রেকফাস্ট টেবিলে
ফুলকো লুচির যে পাহাড়---
চিংড়ির মালাইকারি, ভেটকীর কাটলেট
দুপুরের নানা বিধ মন কাড়ে খাবার।


মেট্রোয় যেতে যেতে টালিগঞ্জ থেকে দমদম
দেখি, ইটের শহর আর
            ঘিঞ্জি মহল্লার বাহার
এখানে, কত স্বপ্ন তৈরি হয় রঙিন বাহারে
কত স্বপ্ন ঝরে পরে, সুটকেসের পাহাড়ে,
তবু আছে সুখ, তবু আছে স্বপ্ন
            সস্তা বাঁচার আহার।

# প্রকৃতির ক্রোধ

প্রকৃতি, তুমি শান্ত হও,
    ধ্বংসের লীলায় ক্ষান্ত দাও,
বোঝেনি মানুষ আজো
    ভুলের মাসুল দিয়ে
তবুও তো সে শ্রেষ্ঠ জীব
    নতুনের সৃষ্টি নিয়ে---
নানান সৃষ্টি বুদ্ধিতে খেলে
    যখন যা ইচ্ছে চাও।

ভুল শুধরে যে নেবে ঠিক
    ভুলের বিচার করে,
শতকের পাপ-বোঝা
    দুহাতে নিংড়ে কেড়ে,
তুমি আছো আমি আছি
    অভিন্ন তো নও
তবু ক্ষমা করো সভ্যতাকে
    তুমি তো কঠোর নও।

# প্রতিশোধ

তোমার সাগর জলে স্নান করে

চেয়েছি  পবিত্র হতে-

গড়ে নিতে নির্মল নিবাস,

অথচ  তোমার মিথ্যা অঙ্গীকার

বারবার জ্বেলে পুড়ে ছাই করে দিয়েছে আমার

হাজার ঋতুর গড়া  সুরম্য কানন,

রক্তাক্ত করেছে  মিথ্যা প্রেমের আঁচড়ে-

বিষাক্ত করেছে প্রতি লোমকূপ

অহেতুক ছলনার বিষে।

আমার  বিষাক্ত  প্রতি কোষ

এবার হানবে বুকে তীব্র  পাশুপাত

নেবো  প্রতিশোধ,

রূপের সাগরে  ঢেলে দেবো  শঙ্খবিষ

ভেঙ্গে দেবো স্বপ্নের  মহল।

তারপর,

একে দেবো  পৃথিবীর মুখ

রামধনু রঙের  রেখায়।

তাহলেই হয়তো বা  এজগতে

আর কোনো প্রেমিক পুরুষ

বিক্ষত হবে না আর  বিষের জ্বালায়।

# মন মুখ

এখনো লুকিয়ে
পৃথিবীর প্রতি-লোমকূপে !
শান্ত বিভূতি শিষ্ট প্রবাহ
স্নিগ্ধ সুবাস অবাক প্রভূতি,
রিক্ত নিঃস্ব জর্জরিত বেশ
           বিচ্ছন্ন বিস্মৃত দাবানলে।


অন্তহীন প্রতীক্ষায় আহত ভ্রমর
এলো মেলো তার সব স্বপ্নের বাগান,
নির্জন প্রবাসী তার দুই চোখে
           স্বর্গীয় পিপাসা---


কেউ কিছু রাখে না খবর,
শুধু রাতের অরণ্যে ঝরে দেবদারু পাতা--
           একে দেয় `প্রেয়সীর` মুখ।

# ভাবনা

কবিরা লেখে কবিতা

নদী ফুল ফল

প্রেম প্রকৃতি

আকাশ অমৃতি, আরো কত কি---

      বসুন্ধরা  ভালোবাসা।


আমি শুধু ভাবি--

সুন্দর পৃথিবী

রঙে রসে ভরা

কাল জয়ী গড়া

      তৃপ্ত অমৃত সুবাসে।


আমি শুধু দেখি--

চিরহরিৎ বৃক্ষে

কত অজানা পাখি

নানান সুরে ডাকি

      দিন শেষে যায় অন্তরালে।


ভাবনা

চিন্তা হয় না শেষ--

## মনের কথাটুকু

আমি লিখি কবিতা

ভাবি নতুন শব্দ

রচি শব্দ কোষ, মনে তবু রোষ-

হয় না ভালো কবিতা।


মুছে ফেলি ভাবলোর--

অপার্থিবে দিয়ে বিসর্জন

বাস্তবেতে ফিরে আসি

ফুটায়ে অধরে হাসি,মনে কবিদের যাচি

বলি - কবি কবির-ই প্রেরণা।

# আট বোন পূর্বাঞ্চলের

(উত্তর পূর্বাঞ্চলের আটটি রাজ্যের উল্লেখে লেখা কবিতা)

আট বোন আমরা পূর্বাঞ্চলের

ভারতের একটি প্রতিশ্রুতি

নানা ভাষা নানা জন ভিন্ন মনের

　　এক হবো স্বভিমান দিয়ে আহুতি।


পরম্পরা সংস্কৃতির ইতিহাস নিয়ে

কীর্তি গড়বে আজ প্রগতি দিয়ে

নিজের কৃষ্টি হবে মিলনের স্থল

　　আদর করবে পৃথিবীর লক্ষ কোটি যে।


তোমরা সবাই এস- দেখো

মিলনের মেলা

ভুলে গিয়ে বিভেদের

বীভৎস খেলা

শপথ নেবো আজ চির মিলনের

　　মনে রাখবে পৃথিবীর লক্ষ-কোটি যে।

# ছোট্ট বেলা

দু-দন্ড বসা যাক ছেলে বেলায়,

মন ফিরে যাক  স্মৃতির  মেলায়---


সেই কাক ভোরে ফুল তোলা

অসময়ে  ঘুড়ি আর লাটাই ,

গুল্লি-খেলা দাড়ি-বাধা, ডাং-ঘুটি পিট্টু

ভলিবল কেরোমের  লড়াই ,

ফুটবল ক্রিকেট আরো আছে কত কিছু

গোল্লা -ছুট, লুকোচুরি একের পিছু পিছু ,

স্কুলের দুষ্টুমি  মারপিট  হুড়োহুড়ি

ডুব সাঁতার,ভেলপুরি পুরস্কারের ফুলঝুড়ি--


গানের মহল আর পুজোর কোলাহল

সকালে ফুল তোলা সেফালি ঝুড়ি ঝুড়ি

নন্টে-ফন্টে, বাটুল আর ফেলুদা

টিন-টিন ফ্যান্টমের সেই বাহাদুরি।


সন্ধ্যার অন্ধকারে হ্যারিকেনের আলো পড়ে

মা`য়ের আদরে  আর  বাবা`র  শাসনে,

মনের কথাটুকু

ঠাম্মির আঁচলে  কিংবা জ্যেঠুর বকুনিতে

ছিল শাসন ছিল নিয়ম, তবু  ছিল বায়না

ভেসে ছিলাম স্বস্তির  ভেলায়---

আজ  এসে পৌঁছে গেছি  এ কোন বেলায় !


সেদিন আর ফিরে কভু  আসবেনা জানি

তবু ভরা থাক স্মৃতি সুধায়

সবুজের  এই  পাত্র খানি ।


# ভালোবাসার  ছায়া


হাটতে হাটতে অজান্তে

আমি পিছিয়ে গেছি  বেশ খানিকটা  দূরে,

সাময়িক দল ছুট হলে, একা পেলে

ভালোবাসারাও  ফিশ ফিশ করে কথা বলে,

ধুয়ো - কুয়াশায়, চেনা যায়না  অবয়ব ।

হেটে যাওয়া পথের পাশে,

ভেসে আসে কুচ-কাওয়াজে ব্যস্ত

সাজা পাওয়া জোয়ান গুলো,

সারি সারি দাঁড়িয়ে আদেশের অপেক্ষায়--

ওদের চোখে, আরেক পৃথিবী

পরবাসে বিচ্ছেদের নীড়---


আমি হেটে চলি- আরো কেউ হেটে চলে

আমার দু-পশে, সঙ্গী হয় `ছায়া-ভালোবাসা`,

শান্ত মাঠ-নদী, শোকাতুর গাছ,

ডানা ঝাপটায় অশান্ত তিতির---


প্রেম অবাধ্য, মানে না কালের সূত্র

মেটেনা রেস্, রেখে যায় প্রশ্ন - দীর্ঘ স্বাশ-

ভালোবাসা কি সম্পূর্ণ হয় ??

সে যে যুগান্তর।     অবশেষে ---

আমি পৌচে যাই সেখানে আর

শিথানে ভালোবাসার প্রদীপ জ্বালাই।

www.ingramcontent.com/pod-product-compliance
Lightning Source LLC
LaVergne TN
LVHW091207180726
843490LV00007B/2626